Mensagens de vida
& Belas inspirações

Luizinho Bastos

Mensagens de vida & Belas inspirações

Paulinas

Dados Internacionais de Catalogação na Publicação (CIP)
(Câmara Brasileira do Livro, SP, Brasil)

Bastos, Luizinho
    Mensagens de vida e belas inspirações / Luizinho Bastos – 1. ed. – São
Paulo : Paulinas, 2010.

    ISBN 978-85-356-2574-5

    1. Citações   2. Máximas   3. Pensamentos   I. Título..

09-13336   CDD-808.882

Índices para catálogo sistemático:

1. Reflexões : Citações : Coletâneas : Literatura   808.882
2. Reflexões : Máximas : Coletâneas : Literatura   808.882

Direção-geral: *Flávia Reginatto*
Editora responsável: *Luzia M. de Oliveira Sena*
Assistente de edição: *Andréia Schweitzer*
Copidesque: *Mônica Elaine G. S. da Costa*
Coodenação de revisão: *Marina Mendonça*
Revisão: *Sandra Sinzato*
Direção de arte: *Irma Cipriani*
Gerente de produção: *Felício Calegaro Neto*
Ilustração de capa: *Liliam Cristina Lamenza*
Ilustrações de miolo: *Maria de Lourdes W. Caramori*
Projeto gráfico: *Wilson Teodoro Garcia*

Nenhuma parte desta obra poderá ser reproduzida ou transmitida
por qualquer forma e/ou quaisquer meios (eletrônico ou mecânico,
incluindo fotocópia e gravação) ou arquivada em qualquer sistema ou
banco de dados sem permissão escrita da Editora. Direitos reservados.

Paulinas

Rua Dona Inácia Uchoa, 62
04110-020 – São Paulo – SP (Brasil)
Tel.: (11) 2125-3500
http://www.paulinas.org.br
editora@paulinas.com.br
Telemarketing e SAC: 0800-7010081
© Pia Sociedade Filhas de São Paulo – São Paulo, 2010

Apresentação

Passa um filme em minha mente ao recordar os meus primeiros madrigais escritos a caneta nos cadernos escolares e nos boletins informativos da Paróquia Nossa Senhora das Graças, em São Paulo, local que registra o despertar de minha vocação literária. Foi onde tudo começou.

As pessoas me pediam mensagens para diversas datas comemorativas e momentos especiais celebrados pela comunidade. Eu escrevia os textos com muito carinho e também os declamava nas missas, nos encontros de jovens, nas grandes festas. E o mais importante é que todos gostavam e ficavam felizes.

Eu ainda era muito jovem, sonhador, aventureiro, trabalhava numa grande metalúrgica, porém, meu pensamento permanecia focado na poesia, na prosa, nas composições musicais, nos títulos imaginários que criava para as minhas sonhadas obras. De repente, houve uma reviravolta profissional em minha vida. Abandonei a primeira profissão, comecei a trabalhar no estúdio da Gravadora Comep e, em seguida, transferi-me para o mercado editorial, exercendo a função de digitador e diagramador de textos.

O próprio destino foi me conduzindo ao universo das letras para assumir a nobre tarefa de mensageiro, a bela missão de poeta, de ser escritor. E logo no início pressenti que a estrada seria longa e desafiante. Eu teria de fazer as escolhas certas e tomar difíceis decisões para perseverar e realizar meus sonhos. Valeu a pena!

Publiquei meu primeiro livro e ousei administrar minha carreira literária declamando meus poemas, ministrando palestras, vendendo minhas obras de produção independente. Recordo que diversas vezes entrava nas Livrarias Paulinas e, vendo tantos livros e cartões com mensagens, pensava em silêncio: "Um dia verei minhas mensagens e orações nestes cartões e também meus livros em todo o Brasil".

A partir desse momento, crendo que foi uma revelação de Deus, Paulinas Editora começou a nortear os rumos de minha carreira literária. Iniciei-me como *freelance*, escrevendo poemas, mensagens e orações baseadas em profissões e datas comemorativas e religiosas, produzidas em cartões. Hoje tenho uma seleção de inúmeros textos publicados e comercializados. Vieram também os livros e tantas produções maravilhosas que compõem a minha obra, a minha história.

E, para celebrar essa jornada vitoriosa, apresento *Mensagens de vida e belas inspirações*, uma coletânea de textos inéditos e alguns já conhecidos, que selecionei com muito carinho para serem apreciados, declamados e refletidos. É uma antologia que reúne palavras de vida, mensagens de esperança, amor e paz, em conjunto com crônicas e contos que enfocam desafios e sonhos da vida cotidiana. Alguns textos trazem ao final um comentário contextualizando o momento de sua inspiração ou alguma outra informação que quis dividir com os leitores. Para complementar a obra, alguns pensamentos de paz para introspecção.

Minha mãe sempre me aconselhou a lutar pelos meus sonhos, ser um bom escritor e um poeta de Deus, transmitindo palavras de vida. E assim descobri o lema da minha missão literária: fazer as pessoas felizes. Por essa razão, sempre digo que tudo o que vivo é motivo para escrever.

São vinte anos de literatura! Estou muito feliz com tudo o que produzi e realizei. Peço a Deus que continue me inspirando, iluminando minha vocação literária, minhas futuras obras, meus novos e belos horizontes, em todos os dias de minha vida.

Para conhecer a biografia, a trajetória
e outras obras do autor, acesse o site
<www.luizinhobastos.com> *ou escreva para*
<luizinhobastos@terra.com.br>.

Agradeço

*a Deus, a Jesus Cristo e a Nossa Senhora Aparecida,
por todas as graças e bênçãos recebidas
em minha vida;*

*à Paulinas Editora, por todas as obras
publicadas nestes vinte anos de literatura;*

*a todos os amigos(as) leitores(as) que conquistei;
a todas as pessoas que colaboram
profissionalmente na produção
e divulgação de minhas obras literárias;*

*a meus pais,
Luiz de Oliveira Dias e Ritta Bastos Dias.*

*A minha irmã Andréa,
dedico este livro comemorativo
de vinte anos de produção literária.*

"O artista vive uma relação peculiar com a beleza. Num sentido muito real, pode-se dizer que a beleza é a vocação à que o Criador o chama com o dom do talento artístico. Todos os artistas têm em comum a experiência da distância insondável que existe entre a obra de suas mãos, por conseguida que seja, e a perfeição fulgurante da beleza percebida no fervor do momento criativo. O que conseguem expressar no que pintam, esculpem ou criam, é só um tênue reflexo do esplendor que durante uns instantes brilhou ante os olhos de seu espírito."

Papa João Paulo II

"Tudo que vivo é motivo para escrever. Escrevo para fazer as pessoas felizes."

Luizinho Bastos

Mensagens de vida

Quero viver o dia de hoje
como se fosse o primeiro,
como se fosse o último,
como se fosse o único.

Senhora Aparecida, Padroeira do Brasil

Senhora Aparecida – Padroeira do Brasil!
Mãe negra e solidária de infinito esplendor.
Protegei esta pátria e o povo brasileiro
que sonha com justiça, liberdade, paz e amor.

Senhora Aparecida – Padroeira do Brasil!
Atendei às súplicas de fervorosas orações
para reinar a justiça, cessando os conflitos
que ferem faces e vozes de diversas regiões.

Senhora Aparecida – Padroeira do Brasil!
Fazei-nos missionários da nova evangelização.
Inspirai os governantes e líderes comprometidos;
guiai os novos rumos desta garrida nação.

Senhora Aparecida – Padroeira do Brasil!
Presença mística nas culturas oprimidas.
Rainha dos trabalhadores no campo e na cidade,
luz e esperança viva de milhões de vidas.

Senhora Aparecida – Padroeira do Brasil!
Queremos evangelizar com ardor missionário.
Dai-nos força e coragem, intercedei por nós
para permanecermos unidos e solidários.

Senhora Aparecida – Padroeira do Brasil!
Mostrai-nos caminhos que conduzam à vitória.
Abençoai todas as classes, e este povo te louva
no serviço e missão de fazer uma nova história.

Senhora Aparecida – Padroeira do Brasil!
Com sua negritude revelai-nos a verdade
para caminharmos rumo ao Reino definitivo
e contemplarmos o horizonte da nova sociedade.

Senhora Aparecida – Padroeira do Brasil!
Fazei que neste solo jorre pão, leite, mel;
guiai os nossos passos, permanecei sempre conosco
para fazermos da nação nova terra e novo céu.

O Maestro

Eu era músico lá no céu.

Vim para ensinar a música da paz aqui na terra.

E o mundo ouviu a minha primeira melodia
na noite em que nasci: a *Canção da Boa-Nova*.

Durante a infância, eu já sonhava
com minha orquestra, pois tocava para sábios
e doutores que ficavam admirados com meu talento.

Eu cresci e formei a minha orquestra
com doze músicos que antes eram
pescadores, carpinteiros, cobradores de impostos,
e eles aprenderam a tocar comigo
porque minhas canções são reveladas aos pequenos.

O tempo passou, muitos começaram a me seguir
e acompanhavam minhas regências
aos sábados guardados, no Monte das Oliveiras,
e com meus arranjos multipliquei pães e peixes,
acalmei a tempestade, perdoei a mulher adúltera,
ressuscitei Lázaro, realizei muitos milagres.

Mas havia aqueles que censuravam minhas canções
e eu já sabia do cálice que iria beber.

Fui traído, preso, condenado, açoitado
e pregado numa cruz, de pé e com os braços abertos.

Exatamente como fica um maestro
diante de sua orquestra.

E, após o meu último suspiro, vieram as trevas,
os ventos, relâmpagos e trovões.

E muitos presenciaram o *Concerto do Calvário*.

Sepultaram-me e pensaram que fosse o meu fim,
que não ouviriam mais as minhas obras musicais.

Mas eu sou a vida e a vida não pode morrer.

Eu sou o pastor, o mestre, o maestro da plenitude.

E foi assim que compus na manhã pascal
uma linda melodia do meu repertório musical:
a *Canção da Vida Nova*.

Eu sou o maestro. Vocês são os meus músicos.

Por isso toquem, componham,
apresentem suas canções.

Eu lhes darei inspirações tão belas
que vocês jamais desafinarão.

E no dia em que meu reino for concretizado,
no dia em que a paz reinar na terra,
eu quero vê-los na orquestra sob a minha regência,
apresentando com toda sensibilidade e amor
a *Sinfonia da Paz* e o *Concerto do Mundo Novo*.

Este texto foi escrito em 1988,
dentro de uma igreja em São Paulo.
Depois de rezar por alguns minutos, fixei o olhar
no crucifixo acima do altar e imaginei Jesus
de braços abertos representando um
maestro regendo uma orquestra.
Foi assim que fluiu essa bela inspiração,
narrando em primeira pessoa várias
passagens da vida pública de Jesus,
assim como um músico, um maestro.
É um dos meus textos preferidos.

A sábia opção de Deus

Deus optou pelos pobres para serem ricos na sabedoria.

Deus, Senhor da História,
optou pelos pequenos para serem grandes na alma.

Deus, infinito e onipresente,
optou pelos fracos para serem fortes na fé.

Deus, criador do universo,
optou pelos esquecidos
para serem lembrados na partilha.

Deus, misericordioso e onipotente,
optou pelos humilhados
para serem exaltados na glória.

Deus, eterno e todo-poderoso,
optou pelos loucos
para serem sábios de espírito.

Deus, pai e mãe,
optou pelos órfãos
para serem filhos da esperança.

Deus, fonte de todas as culturas,
optou pelos últimos
para serem os primeiros na humildade.

Deus, Trindade,
optou pelos pecadores
para serem os salvadores da humanidade.

Para esse Deus Uno, Trino e Eterno,
todos são os únicos, muitos são os poucos
que triunfam como profetas,
proclamando a liberdade, o amor, a fraternidade,
a justiça e a paz em todas as culturas,
semeando o amor maior na construção
de um mundo novo.

Vocação de infinito

Em busca do novo e do belo,
cantando uma linda canção,
Deus revela um segredo no meu coração.
Meditando à luz das estrelas,
contemplando as ondas do mar,
sinto que meus ideais vou realizar.
Mas eu preciso ser forte,
acreditar, não posso temer;
com a força da minha esperança, hei de vencer.

Sempre haverá tempo para contar novidades.
Sempre haverá espaço para fluir maravilhas.
O meu corpo é um planeta
que gira em torno do amor.
O infinito está a meu favor
para criar, transformar, construir, servir...
Com esperança prospera o meu dom de existir.

Por onde vou sinto a presença do céu.
O horizonte distante se aproxima.
Sigo rastros deixados na areia rumo ao amanhã.
Nele transcende uma nova estação.
O universo conspira pela minha vocação de infinito.

Meu grito cruzará fronteiras.
Minha fé removerá montanhas.
Com energia abraçarei o infinito
entre palavras ilimitadas e gestos inovadores.
Com esperança, minha estrela há de brilhar.
Com esperança, terei sempre a capacidade
de amar sem limites.
Eis a conquista ideal:
perseverar com radiante esperança, renascer...
graças à vocação de infinito que flui em meu ser.

Meu Anjo da Guarda

Foste confiado por Deus para os meus passos guiar
e nos sofrimentos meus, me confortar.
Sabes o que penso, o que sinto;
na sabedoria que tens,
em minhas preces te invoco, tu logo vens.
Se vacilo, és minha rocha; se caio, me dás tua mão.
Ó, meu anjo de luz,
contigo, a paz de Deus me conduz!

Foste designado por Deus para orientar minha missão,
para iluminar minha mente e meu coração.
Zelas dia e noite por minha vida,
meu lar, meu pão e meus dons;
apontas pra mim horizontes e caminhos bons.
Se choro, tu me confortas,
na provação, tu me abres as portas.
Ó, meu anjo de luz,
contigo, o amor de Deus me seduz.

Anjo da guarda, meu protetor,
zeloso, fiel guardador,
tu és meu abrigo, meu anjo-amigo!
Anjo da guarda, meu guardião,
luz-guia na escuridão,
governas meus caminhos
para fazer sempre o bem,
com meus semelhantes também.

Obrigado, Santo Anjo!
Amém!

*É comum, no universo imaginário dos poetas,
que alguns textos demorem para ser definidos.
Este texto foi rascunhado durante cinco anos
até ser concluído e dedicado ao meu anjo da guarda.*

Estou em paz comigo mesmo

Estou em paz comigo mesmo,
quando sinto a manifestação de Deus
nas coisas mais simples da vida.

Estou em paz comigo mesmo,
quando a ideia do novo me estimula a sonhar,
caminhar, lutar e vencer.

Estou em paz comigo mesmo,
quando amo sem impor condições,
quando ajudo sem querer nada em troca,
quando até esqueço de mim e digo que valeu a pena.

Estou em paz comigo mesmo,
quando peço perdão e nos momentos em que abro
o meu coração para perdoar, sorrir, chorar,
conversar e ouvir os outros.

Estou em paz comigo mesmo,
quando evito o ressentimento, o medo, a depressão,
e permito que a esperança e o otimismo
fluam em meu ser.

Estou em paz comigo mesmo, quando me sinto feliz
ao fazer as pessoas felizes.

Estou em paz comigo mesmo,
quando em silêncio medito,
quando minha vocação de infinito me faz gritar
ao mundo que a vida é bela
e como é maravilhoso viver.

Portadores de luz

Saudações fraternas, um abraço carinhoso,
vocês são bem-vindos
em nossa ciranda de amizade.

Juntos formamos uma família,
somos companheiros pelas estradas
e jornadas da vida,
pois mesmo com nossas deficiências,
imperfeições e limitações,
aprendemos que nas diferenças somos
todos iguais e abençoados por Deus
nosso Pai, nosso criador.

Vocês também são seres humanos
especiais, sensíveis, talentosos,
cidadãos com sonhos e ideais,
portadores de luz,
conscientes da pureza, da beleza,
da ternura, da magia,
do valor indelével da vida.

Juntos e unidos para sempre,
com motivação, fé e energia,
devemos dar exemplos de superação,
de garra, de perseverança,
mostrando todo o nosso potencial
para atingir nossas metas.

A vitória com certeza
é mais gratificante e emocionante
quando vencemos juntos,
integrados, sintonizados e conectados
de corpo, alma e coração na mesma equipe.

O horizonte nos convida a sonhar...
a contemplar... a conquistar...
Ele é igual para todos,
apenas cada um tem a sua forma de caminhar,
cada um na sua individualidade
com amor pela vida deve mostrar seus talentos,
espalhar sementes de justiça, de igualdade,
nesse mundo desigual, carente de paz e de amor.

No projeto de Deus não há espaço
para exclusões e preconceitos,
por isso vamos dar as mãos
porque temos que brilhar.

Força, energia, esperança, fé no futuro!
Vocês também são instrumentos de Deus
na sublime melodia da vida.
Vocês também com virtudes abençoadas
são seres iluminados.
Vocês são portadores de luz.

*Em 1991, a Organização das Nações Unidas – ONU,
instituiu o Dia Internacional
das Pessoas com Deficiência, 3 de Dezembro.
Nessa data específica, em todos os anos, os países
devem refletir sobre os direitos da pessoa
com deficiência em suas várias instâncias.
O objetivo maior dessa data é conscientizar as pessoas
para a igualdade de oportunidades a todos.
Nessa mensagem inédita e especial, procuro exaltar o valor
dessas pessoas que, acima de tudo, são "portadoras de luz"
e merecem todo nosso carinho e respeito.
Nosso papel como cristãos é compreender que todos nós,
numa determinada medida, temos alguma deficiência,
entretanto, nas diferenças somos iguais e abençoados por Deus.*

Oração da gestante

Senhor,
um sonho grávido revelou-me a realização
de um desejo íntimo: ser mãe.

Pulsa no âmago do meu ser a semente vital,
um broto inquieto que já brinca em meu ventre,
transformando-o em um mundo maravilhoso.

Fico imaginando, ó Deus, a emoção que sentirei
ao dar à luz esta criança e alimentá-la com meu leite,
ao dar-lhe banho, trocar-lhe as fraldas, acalentá-la
e ensiná-la a dar os primeiros passos.

Sei que a vocação materna impõe
constante dedicação, responsabilidade e amor;
por isso, aceito este sublime período de gestação,
com muita esperança e alegria.

Dá-me energia para estar em paz comigo mesma.
Abençoa todas as gestantes
e as mulheres que sonham, um dia, ser mães.

Eu te ofereço este novo ser
que vive em mim e que em breve irá me chamar
carinhosamente de mãe.
Peço-te, Senhor, que o abençoe.

Amém!

*Esta é uma das orações mais apreciadas
e procuradas nas Livrarias Paulinas.
Há um depoimento emocionante de uma jovem gestante
que desistiu de abortar após receber de presente esta oração.
É possível que várias outras mulheres
tenham passado pela mesma situação
ou contemplado um excelente parto
ao serem inspiradas por esta oração,
que, além de exaltar o maravilhoso dom materno,
defende o direito à vida.*

Merecimento

Tu mereces celebrar teu sonho,
um pôr do sol risonho,
uma medalha de ouro,
um luar de prata, uma serenata
para abrires a janela sorrindo.

Mereces, de verdade,
pelas tuas silenciosas preces.

Tu mereces brindar tua vitória,
contar tua história, uma rosa azul,
um passeio de jangada,
uma estrela na madrugada
brilhando somente para ti.

Mereces e, chorando de alegria,
simplesmente, agradeces.

Atingiste tua meta. Alcançaste teu objetivo.
Jamais desististe – teu maior segredo!
Esperança, fé, amor, motivação!
Toda a energia do teu coração!
Sorri, então.
Caminhos e horizontes teus
são abençoados por Deus.

Tu mereces transgredir rumo ao infinito,
agora tu és um mito, uma lenda viva.
Não esqueças do teu anjo da guarda.
O futuro – mentalize-o –, ele te aguarda!
Venceste!
É o apogeu do teu crescimento
com o merecimento mais profundo.
Tu mereces toda a felicidade do mundo.

Sucesso, meus amigos!

Os amigos a gente conhece pelo silêncio.
Um nítido olhar, um tímido sorriso,
é compreendido secretamente.

A presença deles é um bálsamo
para a alma, uma honra recíproca
e insubstituível, energia
e prazer que o dinheiro não compra.

Mas a ausência...
Ah! O vazio doloroso
da ausência é uma espada no coração.

Anoitece em meu ser,
mas ao raiar do dia poderei rever os amigos.
O ansioso reencontro trará novidades
para uma brincadeira saudável,
um conselho sincero, um discreto elogio.

Os amigos também falham,
e o perdão será um botão de rosa
pronto para desabrochar.

Amigos não dizem adeus,
acenam de longe e seguem o destino.

Minha alegria é triste porque a amizade
é uma saudade gostosa de sentir.
E meu coração novamente se alegra
porque a verdadeira amizade
cruza fronteiras, não tem limites.

Momentos felizes viverei sempre,
celebrando a nossa amizade.
Viver não teria sentido sem essa carinhosa admiração.
E do fundo do meu coração, desejo-lhes
muito sucesso, sucesso, sucesso, meus amigos!

A beleza interior

Vejo as pessoas com os olhos do coração.
Gosto de apreciar o essencial, invisível e natural,
a singela beleza interior.

De dentro pra fora do ser,
percebo as puras intenções
e até mesmo o silêncio inquieto
que duela com uma tímida ansiedade.

Vejo nas pessoas o brilho da felicidade.
Nas palavras que ouço, nos gestos simples e comuns,
tento captar algo especial que registre
uma sintonia de amor e amizade.

Nada mais esplêndido do que o "belo" nas pessoas,
que comanda o pulsar do coração
onde fluem desejos e esperanças,
sonhos e inovações, fé no futuro.

As pessoas belas no íntimo
são felizes e simpáticas,
transcendem de corpo e alma,
emitem raios de sol, sempre.

Vejo as pessoas com os olhos do coração.
Aprecio nas pessoas a beleza interior
que seduz sem abafar a razão.

O mundo precisa de gente bonita,
íntegra, transparente,
com uma beleza sem máscaras,
sem regras nem vícios.

Uma beleza interior que suscite a beleza exterior,
e que na sua essência reflita o máximo possível
a beleza cósmica de Deus.

Além do pôr do sol

Além do pôr do sol, há um lugar muito bonito,
bem próximo ao infinito.
Não existe no mapa-múndi, está na imaginação.
O que acontece lá não podemos ver, apenas pressentir.
A viagem para além do pôr do sol
é cheia de mistérios e desafios,
mas os caminheiros do desconhecido
chegarão lá porque creem no amanhã vindouro.
Quantas novidades e maravilhas indescritíveis
nos aguardam nesse cenário imaginário
situado além do pôr do sol!
Lá os pássaros voam sem temer pontarias,
dorme-se com as janelas abertas,
passeia-se no apogeu da madrugada,
ama-se sem imposições de regras.
Ideias e costumes se inovam,
esperanças e sonhos se renovam,
todos despertam para uma próspera realidade.
Além do pôr do sol está a nova humanidade.
Além do pôr do sol está a resposta que sempre
buscamos nos fatos incompreensíveis.
Além do pôr do sol está a vitória merecida
dos que percorrem caminhos estreitos com heroísmo,
superando os próprios limites por causas nobres.
Além do pôr do sol está o portal do futuro
à espera dos protagonistas que somos nós,
seres humanos, os maiores privilegiados
pela perseverança e por nenhum momento sequer
perder a esperança nessa emocionante aventura,
e por contemplar, com toda essência do ser,
uma infinita felicidade, além do pôr do sol.

O arco-íris humano

Somos uma multidão no planeta.
Somos seres humanos, livres e iguais.
Somos filhos de Deus e irmãos.
Somos pessoas com sonhos e ideais.
Queremos um mundo sem discriminação racial!

Formamos um universo de diversidades,
vários idiomas, costumes, etnias;
crianças, jovens, adultos, idosos;
culturas, filosofias, ideologias...
Queremos um mundo sem discriminação racial!

Ninguém pode disfarçar sua raça!
Ninguém pode ignorar seu sangue!
Ninguém pode esconder suas raízes!
Perante Deus somos todos iguais!
Branco, negro, vermelho, amarelo,
celebram seus direitos universais!

A discriminação racial é um ato desumano.
Formemos em todo o planeta o arco-íris humano!

Eu sou a vida!...

Eu sou o coração a pulsar incessantemente,
bombeio o sangue nas veias,
comando órgãos e membros.
Por mim passam todas as emoções.
O amor flui em segredo no meu íntimo.

Eu sou os olhos cintilantes que apreciam horizontes,
os pores do sol e o voo mágico das gaivotas.
Sou o espelho da alma e nos momentos tristes
ou alegres posso lacrimejar.

Eu sou os ouvidos atentos aos sons que me rodeiam:
o canto do bem-te-vi, o eco das ondas do mar,
o choro de uma criança,
o sopro suave na melodia da flauta.

Eu sou a voz afinada ao cantar e que se eleva ao gritar.
Interpreto, narro, dialogo,
posso ser sensual e fico romântica
ao sussurrar juras de amor à pessoa amada.

Eu sou as mãos laboriosas, calorosas, carinhosas...
costuro, desenho, teço, ilustro, escrevo, planto,
colho, aceno, abençoo, enxugo lágrimas
e seguro firme o meu próximo sem deixá-lo cair.

Eu sou os pés apoiados no chão, atravesso desertos,
suporto pedras e espinhos, esmago sementes,
cruzo fronteiras, percorro longas veredas
e deixo rastros para, quem os seguir,
encontrar o rumo certo.

Eu respiro o perfume das flores,
me encharco na chuva,
abraço as pessoas, provo o sabor do alimento,
mordo a fruta, beijo com carinho, sorrio, desejo,
sonho, nasço, morro, renasço...

Eu sou os pensamentos que vagam na mente.
Eu sou os sentimentos a entreter as razões.

Eu sou o que sou.
Eu sou você.
Eu sou a vida!...

Quisera

Quisera festejar a chegada de um novo tempo,
formando com meu povo um arco-íris humano,
em que o negro sentasse à mesa do branco
e o branco dormisse na oca do índio
e o índio curasse todas as epidemias
com o chá das ervas selvagens.

Quisera correr pela areia da praia
em plena manhã de segunda-feira,
e ao mesmo tempo contemplar e compreender
a mensagem das gaivotas fazendo desenhos no céu.

Quisera fazer do quintal de minha casa
um ponto de encontro com o sol, a lua,
as estrelas, o infinito,
e confidenciar em silêncio todos os meus segredos,
todos os meus sonhos, a graça de poder celebrar
com emoção o dom da vida.

Quisera viver numa sociedade moderna e livre,
onde o ser humano assumisse seus mistérios
pela razão e emoção do espírito transcendental,
e onde computador não teria mais poder
que o coração do homem.

Quisera penetrar com o pensamento no horizonte
e apreciar o sorriso tímido de Deus,
que só pode ser visto com os olhos da alma.

Quisera cear com os pescadores
à beira de um rio de águas sagradas
e cantar com eles as mais belas toadas,
inspiradas nos mistérios do velho mar.

Quisera assistir ao teatro dos golfinhos,
chamar o hipopótamo de lindo,
divertir-me ao ver uma criança brincar
de esconde-esconde com um passarinho,
e achar natural e normal tudo o que outrora
fora irreal, inaceitável, inacreditável.

Quisera ser poeta de uma nova sociedade,
onde todos se amassem de verdade,
vivendo cada fração do tempo infinito,
simplesmente pelo prazer de curtir a liberdade
nesse cenário sublime e maravilhoso
que se resume em universo... natureza... vida!

A fé e a oração

Fé!
Duas letras que formam uma palavra simples,
mas de um conteúdo comprometedor.
Virtude teologal, adesão pessoal a Deus
que abrange um testemunho de vida
através da confiança e da ação,
pois "a fé sem obras é morta" (São Tiago).

Oração!
Seis letras de uma palavra simples,
mas de um conteúdo de significante valor.
Súplica religiosa, manifestação harmoniosa
que engloba a crença na presença de Deus,
confortando com luz e esperança o nosso coração,
pois a oração abre qualquer porta.

A fé e a oração não devem ser aplicadas
somente nos momentos de dificuldade,
e sim em toda a nossa realidade.

Fé e oração!
Duas virtudes que devem caminhar juntas.
Muitos dizem que oram, mas não têm fé;
outros afirmam ter fé, mas não oram.
Podem ser inúteis para os céticos e ateus,
mas são insubstituíveis para os que acreditam
e testemunham a onipresença de Deus.

O mundo necessita de homens e mulheres de fé!
O mundo necessita de orações em todas as situações!
Quantas montanhas cobrem
o horizonte da justiça social?
Quantas fronteiras cercam
a terra onde jorram pão e mel?
"Deus não criou fronteiras" (Gandhi).
Só a fé e a oração universal podem derrubar
os muros da desigualdade, da exclusão, da violência,
da guerra em todo o planeta.

Há muitas injustiças devido às falsas manobras,
e só haverá justiça, paz, fraternidade
se expressarmos nossa fé com a força da oração
através de nossas obras.

A paz do Menino Jesus

Oh! Menino Jesus,
nasceste entre nós – que alegria!
Glória a Deus nas alturas!
Na terra paz e harmonia!

Manhãs, sonhos, esperanças...
renovam-se em amor fraternal;
povos, raças, etnias unidas
celebram no mundo o Natal.

Abençoa os dons sobre a mesa.
Inspira-nos a orar e cantar.
Que as obras da nossa mãe-natureza
possamos com amor preservar.

Aponta-nos novos horizontes,
faze entre bênçãos e graças
jorrar água viva e pura nas fontes,
formar um arco-íris nas praças.

Nasceste tão simples, menino!
Aumenta nossa fé e esperança,
envolve-nos com tua singela ternura
e com a luz de teu sorriso-criança.

Ilumina nossas mentes e corações.
Ilumina também todas as nações.
Que nas famílias haja união
e a energia do teu amor
que protege e seduz.
E, no nosso planeta, a paz,
tua infinita paz, oh, Menino Jesus.

Tenho várias orações e mensagens de Natal publicadas em cartões e agendas da Paulinas Editora. Esta mensagem, no entanto, é inédita e está sendo apresentada pela primeira vez nesta antologia.

Mãe é tudo!

Tudo o que há de belo em minha vida
que eu quisera com palavras decantar,
tudo o que há de puro e mais singelo
que eu sonhara ser capaz de explicar,
está no fundo do meu coração
com a mais profunda emoção
de abraçá-la... beijá-la... mãe!

Seu carinho é o mais perfeito,
sua fé é inabalável, na paz do seu sorriso
há um horizonte admirável.
Sua estrela me ilumina,
sua prece é milagrosa,
você, minha mãe querida,
é uma mulher maravilhosa!

O aconchego que me conforta,
bálsamo que me alivia,
voz serena que me acalma,
a lembrança de todo dia
no silêncio de minh'alma.

Só sei que tenho
mil razões e milhões de motivos
para agradecê-la, admirá-la,
sorrir com esperança,
correr pros seus braços,
afinal, sou sua eterna criança.

Você é a pessoa
mais importante da minha vida.

VOCÊ É TUDO, MÃE!

*Uma bela oração que dedico
à minha mãe e a todas as mães,
produzida em cartão por Paulinas Editora,
sendo destacada com carinho nesta antologia.*

Mensagem ao meu pai

Esse homem que admiro tanto,
lúcido com suas belas virtudes.
Esse senhor com olhar de menino,
sempre iluminando o meu destino
com suas palavras e belas atitudes.

Esse homem tão querido e simples,
quanta energia consegue passar!
Esse mestre contador de histórias,
traz no coração tantas memórias
e transmite esperança no seu caminhar.

Esse homem alegre e brincalhão,
às vezes silencioso e triste;
homem de fé e grande lutador.
Sensível e generoso feito um poeta sonhador.
O abraço aconchegante a me acolher;
esse homem com quem aprendo a viver.

Pai, "painho", paizão",
meu velho, meu grande amigão.
Conselheiro, leal companheiro,
infinito é o seu coração.

Obrigado, pai, por orientar o meu caminho.
Receba o meu abraço e o meu carinho.

*Escrevi esta mensagem especialmente para meu pai,
expressando com profunda emoção o amor,
o carinho, a admiração e toda gratidão.
Há outras mensagens e orações de minha autoria
dedicadas ao Dia dos Pais, produzidas por Paulinas Editora.*

Poema da felicidade

Nem a tristeza, nem a desilusão;
nem a incerteza, nem a solidão;
nada me impedirá de sorrir.

Nem o medo, nem a depressão;
por mais que sofra o meu coração;
nada me impedirá de sonhar.

Nem o desespero, nem a descrença;
muito menos o ódio ou alguma ofensa;
nada me impedirá de viver.

Em meio às trevas, entre os espinhos;
nas tempestades e nos descaminhos;
nada me impedirá de crer em Deus.

Mesmo errando e aprendendo,
tudo me será favorável,
tudo me será necessário,
pra que eu possa sempre evoluir,
perseverar, servir, cantar,
agradecer, perdoar, recomeçar...
Quero viver o dia de hoje
como se fosse o primeiro,
como se fosse o último,
como se fosse o único.

Quero viver o momento de agora
como se ainda fosse cedo,
como se nunca fosse tarde.

Quero manter o meu otimismo,
conservar o meu equilíbrio,
fortalecer a minha esperança,
recompor as minhas energias,
para prosperar na minha missão
e viver alegre todos os dias.

Quero caminhar na certeza de chegar,
quero buscar na certeza de alcançar,
quero lutar na certeza de vencer,
quero saber esperar para poder realizar
os ideais do meu ser.

Enfim,
quero dar o máximo de mim
para viver intensa e maravilhosamente
todos os dias da minha vida.

*O "Poema da felicidade", um dos mais belos textos
de meu repertório, foi escrito pela primeira vez em 1994.
Anos depois foi publicado em cartão por Paulinas Editora,
tornando-se uma das mensagens mais procuradas nas
livrarias, com milhares de cópias vendidas.
Sempre declamo esta mensagem em palestras de motivação.
Em seus versos radiantes de esperança e energia,
o poema expressa um estado de graça
que exalta o dom da vida e que nada pode impedir
a contemplação da felicidade através da confiança em Deus
e dos valores que nos permitem realizar
tudo que sonhamos e idealizamos na jornada da vida.*

Belas inspirações

Crônicas e contos

O planeta precisa de colaboradores que apresentem ideias inovadoras para tornar a vida mais bela.

Diálogo com o mestre

Numa bela tarde de primavera, o jovem aprendiz convidou seu mestre para passear pelo bosque. Sua intenção era fazer-lhe perguntas, muitas perguntas sobre Deus. O bondoso mestre aceitou o convite e eles começaram a caminhada.

– Muito bem, meu jovem aprendiz, o que deseja perguntar?

– Mestre, talvez nunca lhe tenham feito as perguntas que farei. Eu apenas gostaria de ouvir respostas que realmente possam me convencer.

– Então pergunte, meu jovem aprendiz.

– Mestre, onde está Deus? Ele realmente existe? Por que não o encontro em lugar nenhum? Há muito tempo que o estou procurando, eu queria vê-lo. Por que ele não vem ao meu encontro?

E assim se seguiram perguntas e mais perguntas, enquanto o mestre ouvia silenciosamente.

– Meu jovem aprendiz, jamais pensei que tivesse tantas dúvidas sobre a existência de Deus – observou o mestre. – Infelizmente, ainda há muitas pessoas que duvidam da presença de Deus. Compreendo sua fragilidade e curiosidade. Vou responder as perguntas, porém, não tenho a intenção de convencê-lo. Você tirará suas conclusões com o coração e com a razão.

– Compreendo, mestre, eu quero muito ouvir suas respostas – insistiu o aprendiz.

– Para Deus não se faz perguntas. Deus não é "alguém" para ser desafiado com perguntas, nem para ser interpretado com hipóteses. Deus, acima de tudo, é uma resposta, é uma verdade absoluta. Olhe com amor para a chuva que cai, para os movimentos das nuvens no céu, siga o caminho dos ventos e, nesse percurso, em cada passo, você perceberá os passos de Deus ao seu lado.

O aprendiz ouvia atentamente as palavras do mestre, que o convidou a sentar-se sobre a grama.

– Meu jovem, veja o Sol, nele está o infinito poder de Deus. À noite, aprecie as estrelas, a magia da Lua. Você descobrirá que os olhos de Deus brilham mais do que todos os astros. Neste jardim em que estamos, silencie por alguns segundos, apenas escute os insetos que zumbem, os pássaros que cantam. Envolvido nesse silêncio, você ouvirá o timbre suave da voz de Deus falando contigo.

Eles continuaram o passeio pelo imenso bosque e, quando se aproximaram de um riacho de águas cristalinas, o mestre, olhando para o fundo dos olhos do aprendiz, continuou sua resposta com sabedoria.

– Sente-se à beira deste riacho e, ao apreciá-lo, perceba que é uma bela obra de Deus e que à sua frente há um caminho a seguir. Esse caminho o levará a Deus, pois Deus também é um riacho de águas puras pelos caminhos de sua vida. E você está convidado a seguir esses caminhos, convicto da presença de Deus ao seu lado.

– Então, mestre, Deus também está dentro de mim? – questionou o aprendiz.

– Sim, meu jovem. O seu corpo é um templo de Deus. Ouça o som da sua voz. Sua voz é uma maravilha, um dom divino. A luz dos seus olhos, os gestos de suas mãos, sua respiração, os batimentos de seu coração, perceba que você está vivo, que a vida transcende em seu íntimo. Nesses detalhes particulares, você contemplará as maravilhas de Deus, os mistérios da vida.

Já era fim de tarde e, diante do espetáculo do pôr do sol, o mestre, com emoção, revelou outra fascinante manifestação de Deus.

– Aproxime-se lentamente da pessoa amada. Pegue em suas mãos, olhe para seus olhos, ouça suas palavras... Você sentirá a energia do amor, você sentirá que nos olhos da pessoa amada brilha o infinito e que nas palavras de carinho são revelados os segredos que fluem dos mistérios de Deus. Afinal, Deus é uma fonte inesgotável de amor.

Admirado com as respostas do mestre e após fazer uma profunda reflexão, o aprendiz ouviu a voz do seu próprio coração, reconhecendo que suas dúvidas eram inúteis e totalmente desnecessárias para compreender o sentido da sua vida, da sua vocação, da sua missão. Olhou para o mestre, abraçou-o e, emocionado, disse:

– Mestre, minha falta de fé levou-me a ter dúvidas absurdas sobre a presença de Deus. Suas sábias respostas mostraram-me a verdade que eu ignorava acreditar. Diante de tudo que ouvi, agora serei uma nova pessoa, mesmo sendo um simples aprendiz, porque, através de sua companhia e de seus ensinamentos, eu sinto e vejo a presença de Deus. Obrigado, mestre!

– Ah... meu jovem aprendiz, não agradeça a mim, e sim a Deus que tocou em seu coração. Não pergunte mais a Deus onde ele está. Tudo no universo é uma singela manifestação de Deus. Para contemplar tudo isso, abra seu coração, não se isole, não se aprisione, liberte-se de seus problemas e das ilusões. Viver ultrapassa a compreensão de tudo. Abra seu coração ao mundo, às pessoas, à natureza, e em tudo verá a face de Deus.

O tempo de Deus

Comenta-se muito que o tempo está passando tão rápido, que a gente nem percebe. Criou-se também a mania de dizer que não temos tempo para nada. São expressões comuns da vida moderna, entre pessoas estressadas e apressadas, como se fossem máquinas na corrida contra o tempo.

Na verdade, o tempo é o mesmo de sempre e se prolonga naturalmente com seu curso eterno no universo. Precisamos reconhecer que estamos um tanto fora de sintonia e de equilíbrio na relação com o tempo. Ele próprio nos cede várias oportunidades para sermos mais conscientes, organizados e disciplinados. Com certeza, sintonizados nesses parâmetros, teríamos melhor qualidade de vida.

Sem mencionarmos detalhes sobre exageros, excessos e abusos que cometemos, quantas vezes impedimos que as coisas fluam de forma natural ou, ainda, atropelamos os próprios fatos e consequências agravantes que estão em jogo, como se fôssemos donos da situação.

Pequenos exemplos expressam esse comportamento: uma tímida tentativa e queremos o resultado na mesma hora; obstáculos exigem paciência, mas com soberba nos apressamos em resolver a nossa maneira; plantamos uma árvore e queremos colher os frutos no dia seguinte; pedimos que Deus nos ajude a realizar um sonho ou a resolver uma situação delicada; entramos na frente dele, atropelamos tudo e ainda ficamos revoltados.

Oh!... Como somos imperfeitos e ingratos com nossas ambições! Não basta ter boas intenções, é preciso saber esperar, insistir sem se afobar, mergulhar sem se afogar, crer com paciência, esperança, fé e amor. Por quê? Porque tudo na vida é uma questão de tempo, tem o seu tempo certo de acontecer; mas não o nosso tempo, e sim o tempo de Deus, totalmente diferente do nosso, com improvisos esplêndidos, proezas extraordinárias, manifestações espetaculares, infalíveis e insondáveis.

É gratificante compreendermos esse provimento de Deus em tudo que sonhamos realizar na vida. Até mesmo nas pretensões simples e pouco significantes, Deus sabe impedir ou socorrer a nosso favor, porque conhece nossos anseios e necessidades, sabe que, diante de nossas fraquezas e limitações, é penoso lutar por algo que demora a vir.

Será que somos merecedores do que desejamos realizar? De certa forma, sim, somos merecedores. O tempo de Deus responderá nossas perguntas, concederá a graça de uma vitória, fará acontecer aquele projeto tão sonhado. Logicamente, não podemos cruzar os braços. "Deus tarda, mas não falha." O tempo de Deus é o verdadeiro relógio da vida. Nada será antecipado ou virá atrasado. Acontecerá na hora certa, conforme os seus desígnios, porque Deus nos ama infinitamente.

Há um tempo certo para tudo acontecer,
mas não o nosso tempo, e sim o tempo de Deus,
totalmente diferente do nosso.

A fé e a política

A Fé e a Política viviam distantes uma da outra. Durante séculos ficaram separadas por incompatibilidade ideológica. Às vezes, cogitava-se tal união, mas quem se atrevia a ter essa ideia era punido ou até excomungado. A ordem era: Fé pra lá e Política pra cá. Entretanto, havia um grande paradoxo, ou seja, poucos tendo muito e muitos tendo pouco ou até nada.

A Política era como um fantoche, totalmente manipulada pelos conchavos dos poderosos. A Fé, entretanto, permanecia concentrada em sua bancada espiritual, zelando pela salvação das almas. Mas, movida pelo espírito profético e revolucionário que flui da energia de cada ser, a Fé decidiu romper o silêncio indo ao encontro da Política para tentar chegar a um consenso.

– Como vai, dona Política? Faz séculos que não conversamos, não é mesmo?

– Há quanto tempo, dona Fé! – respondeu a Política com ironia. – Não vai dizer que veio me ensinar a rezar.

– Você bem que precisa – retrucou a Fé. – Pois rezar é fundamental para a paz de espírito. É a mística enraizada no compromisso de cada um e de cada povo, mas você não acha que está havendo muitas injustiças e que a solução está em nós? Que tal unirmos as nossas forças?

A Política ficou pasmada e desconfiada, porém, sentiu firmeza na Fé, não resistiu à oportunidade e foi logo abrindo o jogo.

– Você tem razão. Mas como me unirei a você? Usam e abusam de mim na economia, nos meios de comunicação social, nas campanhas eleitorais, na construção de projetos faraônicos; enfim, para tantas coisas fazem de mim o mal comum e não o bem comum, como na realidade deveria ser.

– Você pensa que é só com você? – desabafou também a Fé. – Hipocrisia é o que não falta. Andam distorcendo a minha imagem através de seitas que pregam o fanatismo e que violam os sentimentos das pessoas. Fazem isso com interesses particulares. Tem muita gente grande envolvida nisso, tentando isolar-me e calar-me diante de tanta injustiça e desigualdade. Isso não está certo. Precisamos fazer alguma coisa, senão...

A partir desse momento, começaram a surgir as primeiras mudanças no quadro religioso e político. Despertou no ser humano a necessidade de desenvolver sua espiritualidade e de descobrir através da mística o seu compromisso com a sociedade. Nessa trajetória, a Igreja realizou Concílios, sacudiu o pó do tapete, adotou uma nova linguagem inserida num contexto ecumênico, para assim resgatar as culturas oprimidas, despertar um novo senso crítico e anunciar novas diretrizes pastorais, visando a uma transformação, principalmente na América Latina.

Em contrapartida, a Política caminhava vagarosamente, por estar ainda em solo árido e pedregoso. Mas o desafio estava em jogo, mesmo havendo divergências das facções conservadoras de ambos os lados. O tempo foi passando e, após uma longa caminhada marcada por contrastes e desafios, a Fé e a Política já estavam mais afins.

– As coisas mudaram – disse a Política, com otimismo. – Parece que o povo acordou. Nossa união está repercutindo no mundo. Na América Latina, Europa, África, tem gente até morrendo por esta causa. Sei não... será que vai dar certo mesmo?

– Coragem! – animou a Fé. – É porque agora já temos estrutura para informar a verdade. Antigamente diziam que não tínhamos nada a ver uma com a outra. Mas veja agora, tudo é baseado em nós.

– Isso mesmo, amiga. – salientou a Política, espontaneamente. – Com a nossa união, o povo descobriu o verdadeiro compromisso com a sociedade. – E acrescentou: – Agora tenho esperança de ser verdadeiramente o bem comum à humanidade.

– Mas é claro! – reforçou a Fé. – Você deve promover a justiça baseada nos direitos humanos de um povo na história da nação. Deve atuar nas prioridades e nos projetos que visam ao bem-estar da sociedade.

Então a Política, toda entusiasmada, discursou à Fé:

– Você pode ser pequena como um grão de mostarda, mas remove montanhas. Quem tem você, realiza façanhas. Por isso deve permanecer viva e acesa no coração das pessoas para que não desanimem na construção de uma Nova Sociedade e de um Mundo Novo.

– Jesus foi um profeta de espiritualidade inefável e morreu por uma causa política – disse a Fé. – Mas ele venceu a morte, tornando-se o centro da História. Toda a luta de um povo em busca da libertação é baseada em seu martírio. Portanto, somos inseparáveis, insubstituíveis e imbatíveis. A luta vai continuar.

E, assim, a caminhada estende-se entre desafios e conquistas. Está bem claro que Fé e Política não podem se separar. O homem deve encontrar a si próprio para também lutar por uma causa social. Ambas suscitam a Igreja viva, auxiliam no processo de libertação de um povo, despertam lideranças entre as diversas categorias, fortalecem os movimentos pastorais e populares, e ajudam a fazer uma Nova História baseada na justiça e na fraternidade. Toda nossa prática cristã ecumênica, através da opção preferencial pelos pobres, para a construção do Reino, tanto no Brasil como no mundo, será articulada através da Fé e da Política. Sem elas, nada podemos fazer para realizar a utopia que sonhamos.

Linhas tortas

Os desígnios de Deus incitam a compreensão humana na jornada da vida. Como pode haver tanta perfeição entre contradições, desencontros, mudanças, indefinições, mistérios e imprevistos que se manifestam oscilando nas diretrizes do destino e do livre-arbítrio?

Aplicando a razão ou a emoção, é inegável que existe uma lógica para interpretar e argumentar os imprevisíveis desvios divinos, pois temos a liberdade de escolher um caminho e percorrê-lo por retas, curvas, ladeiras, declives, buracos e trevas. Entretanto, sendo mortais, presenciamos resultados opostos com alterações curiosas que não estavam no planejamento familiar, no orçamento de um bem material, nos planos de uma futura vida conjugal, nas economias feitas para viajar, respirar outros ares, curtir a natureza, gozar merecidas férias.

Irritação e inconformismo resultam no efeito que descarregamos inconscientemente durante um inútil desabafo: "Tudo deu errado!"; "Que falta de sorte!"; "Sempre surge algo para atrapalhar"; "Comigo não dá nada certo"; dizemos isso, com revolta, nas situações adversas. Arre! Até parece que somos semideuses dotados de poder para guiar e alterar rumos desconhecidos.

Nesses surpreendentes fatos que ocorrem na magia do destino e nas decisões do nosso livre-arbítrio, algumas vezes no oposto do que está predestinado para o êxito, ou seja o fracasso, é que descobrimos o quanto fomos favorecidos e agraciados por bênçãos e milagres nas teimosas buscas da jornada cotidiana. É preciso ter muita sensibilidade e sabedoria para discernir que aquele "mal" aconteceu para o bem, o "contrário" significou o certo, a "derrota" se disfarçou de uma próxima vitória, o "lamento" tornou-se uma vindoura felicidade.

Os caminhos de Deus são estreitos e cheios de linhas tortas. Todos os rumos reservam surpresas, desvios, conclusões e desfechos inimagináveis. No mar, o navegante conduz o iate rumo ao norte; vem uma tempestade e a fúria das ondas gigantescas muda a direção para o sul, sendo que horas depois, na calmaria, ele avista ilhas paradisíacas. Num voo de asa-delta, o aventureiro insiste em sobrevoar os arranha-céus da metrópole. Ele corre um grande risco com dificuldades para pousar e o vento forte o desvia para uma área florestal, com gramados extensos que permitem o pouso com segurança. Uma mulher sonha em ser mãe, mas tem dificuldades para engravidar. Uma lágrima cai na última esperança que resta. Como um milagre, ela descobre que está grávida e o exame de ultrassonografia revela que são gêmeos. O vestibulando presta exame para dois cursos. É reprovado no que mais desejava, sendo aprovado na segunda opção que escolhera. Identifica-se com a aptidão imprevista. Conclui o curso e segue uma brilhante carreira.

Nem tudo é como queremos. Se assim fosse, a vida não seria tão emocionante. Deus é um sábio escritor. É o autor da vida tecendo o enredo dos destinos, compondo a performance de suas criaturas. Como diz o ditado popular: "Deus escreve certo por linhas tortas". Ele sabe o que é melhor para nós, revelando simultaneamente uma lágrima e uma bênção, uma perda e uma fartura, um precipício e um degrau, uma decepção e uma felicidade inesperada e eterna.

São incontáveis as graças e bênçãos que recebemos ao percorrer as linhas tortas do destino. A vida segue cada vez mais emocionante porque é um milagre, tanto no abrir dos olhos como no próximo espetáculo do pôr do sol.

*Os caminhos de Deus são estreitos
e cheios de linhas tortas,
revelando-nos uma lágrima e uma bênção,
uma decepção e uma felicidade inesperada.*

A pomba e a bomba

Às vésperas da guerra, a pomba e a bomba se encontraram num debate transmitido via satélite para todos os países do mundo. Povos e raças do planeta, apreensivos, questionaram: quem vencerá o debate? A paz ou a guerra?

A bomba argumentou:

– O homem me inventou, a ciência me aperfeiçoou, a tecnologia nuclear tornou-me poderosa. Sou rápida e venenosa. Basta apertar um botão e eu destruo cidades, civilizações e até mesmo um país.

– Deus me criou – respondeu a pomba. – A natureza é o meu lar, o céu e a terra formam o espaço infinito onde vivo com plena liberdade. Meu voo é suave e perene. Minhas asas batem como um coração cheio de amor profundo.

A bomba não se conteve e atacou a pomba:

– Eu estou na mente dos terroristas e ditadores, na estratégia violenta dos mafiosos e sob domínio dos países poderosos. Sou uma arma insubstituível e perfeita que, em fração de segundos, destrói um continente.

A pomba reagiu com delicadeza:

– Eu estou na mente dos justos e das crianças, no coração dos pequenos e humildes, na bandeira dos movimentos pacifistas. Sou símbolo de paz e fraternidade, sou mansa e sensível como a flor, pois quem me pega sente meu perfume eternamente.

Enfurecida e prepotente, a bomba desafia a pomba com um contra-ataque:

– Eu sou a morte certa e fulminante. Nada pode me desafiar! Eu seduzo a cabeça dos líderes para colocar nação contra nação; mato o que é belo, faço do paraíso um inferno.

Batendo as asas e indignada com o que ouvia, a pomba retrucou:

– Mas eu sou a vida plena, o amor, a justiça, um horizonte sem-fim. As pessoas de bem se inspiram em mim. Sou o sol que emite luz e calor humano. Sou uma estrela que ilumina as trevas, porque o meu brilho é belo e infinito.

O debate continuou. Milhões de internautas também o assistiam, quando a bomba decidiu atacar violentamente a pomba mais uma vez.

– Eu sou produto da corrida armamentista. Sou o principal instrumento da guerra. Causo violência, opressão, horror, morte e destruição aos meus inimigos.

E, para alívio de todos os seres humanos do planeta, a pomba rebateu com muita sabedoria:

– Eu sou fruto de uma árvore universal, sou trigo de uma sociedade conectada em prol da igualdade, sou modelo de intercâmbio e convivência em comunhão.

A bomba, já sem forças e percebendo sua derrota, insistiu inutilmente:

– Você pensa que estou só? Vou bombardear todo o planeta juntamente com um poderoso arsenal armazenado e pronto para a total destruição.

E a pomba triunfou vitoriosa ante aos aplausos dos terráqueos:

– Ora, eu também não estou só! Junto comigo estão milhões de pombos pacifistas que abraçaram a nobre causa de desarmar o mundo para alimentar os povos. O bem sempre vencerá o mal, o amor sempre prevalecerá sobre o ódio. Está decretado: não haverá guerra. A paz reinará sobre a Terra.

Nesse exato momento, num debate inédito com audiência mundial, a bomba se desfez diante da pomba, que foi mais forte. É a vitória da vida sobre a morte. É o mundo sem guerra. É a paz na Terra.

Aplausos e elogios

Aplaudir um rival, elogiar um concorrente, vibrar com a vitória do adversário... Oh! Quisera que fosse assim em todas as áreas profissionais do mercado de trabalho. Infelizmente, o cenário de emocionantes aventuras perde um pouco de brilho quando entram em cena o individualismo, a ganância e a competição sem regras nem limites.

Essa realidade é irreversível; mesmo reprovando e evitando o confronto, somos concorrentes um do outro. Cada pessoa se esforça em desempenhar o melhor possível para promover-se, ganhar dinheiro, fazer sucesso, investir em recursos para se aperfeiçoar e dobrar os lucros no empreendimento.

No mercado competitivo em tempos de globalização, ninguém admite perder ou ficar para trás. Embora sejam inúmeras as oportunidades, sabemos que existem injustiças e desigualdades que dão vantagens a alguns e excluem outros que têm mais humildade, talento e capacidade. Havendo ou não uma competição entre setores ou pessoas, segue-se uma regra sem exceções: trabalhar muito, produzir sempre mais. Nesse mecanismo desenfreado do sistema é que cada pessoa desenvolve sua aptidão pelo pão de cada dia, derramando suor com heroísmo e muita força de vontade para realizar um sonho, construir o futuro e ser feliz.

Movidos pela implacável concorrência, constatamos margens distintas de ascensões e quedas que representam o grande diferencial nas formas de produzir e lucrar, o que nos faz compreender que nem sempre um é melhor que o outro. Todavia, competir em busca da perfeição, respeitando as virtudes e privacidades do outro, é uma louvada atitude, porque, afinal, o sol nasce para todos. O absurdo é quando a competição origina um conflito e concorrentes tornam-se inimigos.

Puxa vida! Podemos ser companheiros, apesar de concorrentes. Podemos ser solidários, tornando mais saudável e emocionante uma concorrência sem estimular revanchismo, sem praticar agressões. Então vamos mudar a partir deste instante. Em vez de vaias e críticas, vamos aplaudir e elogiar. Impossível? É possível sim, começando por nós. Eu, você, ele, ela, os outros, todos... formando uma corrente com laços de amizade.

Vamos aplaudir o êxito do concorrente e trocar experiências sem nenhum receio. Que tal elogiarmos a ideia criativa do companheiro de trabalho, mantendo a sintonia nos projetos em pauta? Brindemos com alegria e prazer a vitória do adversário, porque amanhã, quem sabe, nós seremos os vencedores. Datas especiais e momentos felizes não passarão em branco se enviarmos um e-mail ou um cartão, enaltecendo as virtudes de uma pessoa, incentivando-a a continuar firme em busca do sonho. Estes e tantos outros gestos simples, sinceros e incondicionais são muito gratificantes, porque revelam uma gratidão sem limites. Não existe alma mais elevada do que aquela que se emociona com o sucesso do próximo. É fácil compadecer-se da tristeza ou do fracasso de alguém, entretanto, é louvada a atitude daquele que aplaude e elogia o triunfo de um desconhecido.

A vida é uma constante troca de energias. Não levaremos nada daqui porque a recompensa não é neste mundo. Críticas construtivas são necessárias para o nosso amadurecimento. Com relação aos aplausos e elogios, representam o prêmio e o reconhecimento pelo que somos e o que fazemos. Se somos concorrentes, adversários, rivais, o mais importante é que na jornada da vida há tempo e espaço para todos serem vencedores e felizes.

*Não existe alma mais elevada
do que aquela que se emociona
com o sucesso do próximo.*

Fé no imaginário

Ter fé em algo evidente, claro e visível é muito fácil. E ainda existem aqueles que só acreditam vendo, ultrapassando até mesmo a incredulidade e desconfiança de São Tomé.

A maior prova de confiança na verdade é ter fé no imaginário, crer no invisível, criar o inexistente, possibilitar o impossível, definir o indefinido, realizar uma proeza partindo do nada. Seria como chutar no escuro e marcar o gol, arriscar numa tentativa decisiva e depois crer, esperar, vencer.

Em tudo que ousamos realizar e conquistar na jornada da vida, é preciso ter fé. Uma fé verdadeira e inabalável, sem evidência e sem truques, sólida e ilimitada que ouse remover montanhas. Parece difícil porque a montanha permanece intacta, mas é possível sim, basta imaginar, buscar, lutar, perseverar, construir.

Às vezes iniciamos uma jornada de forma inconsciente e sem preparação. Queremos realizar ou fazer algo que está muito acima de nossas possibilidades. Nossa intenção é boa, o que está em jogo é uma causa justa e digna pelo bem comum, mas falta-nos requisitos importantes que darão condições eficazes para realizar um objetivo ou uma grande missão. Falta-nos, primeiramente, a fé. Caso contrário, desistiremos no meio do caminho.

O atleta precisa treinar muitas horas todos os dias para manter suas condições físicas, se quiser ganhar uma medalha de ouro nas Olimpíadas; mas se não tiver fé no imaginário, não ganhará sequer uma medalha de bronze. O piloto se dedica com coragem e seriedade durante as aulas de voo para se tornar um profissional da aviação; porém, se temer e não tiver fé no imaginário, não terá êxito num pouso de emergência. A violinista estuda vários anos no conservatório porque sonha um dia se apresentar numa grande orquestra sinfônica, em teatros do mundo inteiro. A carreira é peculiar, e se ela não tiver fé no imaginário, participará de poucos espetáculos e concertos.

Grandes provas de fé se originaram do nada. Presenciamos muitos exemplos de façanhas realizadas e graças alcançadas porque alguém acreditou verdadeiramente no imaginário. Nos maiores desafios e nas situações mais difíceis que parecem insolúveis, ter fé partindo do nada significa tudo. E essa fé no imaginário permite-nos buscar forças em nosso íntimo para recomeçar a caminhada. É essa energia maravilhosa e misteriosa que dá sentido à vida, provocando inexplicáveis emoções. Na batalha contra o inimigo, às vezes precisamos recuar, abastecer o espírito com fé e retornar ao campo de batalha para sairmos vitoriosos.

É provável que em algum momento trágico de nossa vida fiquemos expostos na curva do destino sem saber o que fazer, para onde ir, a quem pedir socorro. A única solução é respirar fundo, meditar, elevar o pensamento ao céu e ter fé no imaginário. O imaginário que será real diante de nossos olhos, que será palpável pelas nossas mãos, que será eternamente nosso com todos os méritos de quem acreditou e experimentou o poder da fé.

Em tudo que ousamos realizar na vida,
é preciso ter fé no imaginário.
Uma fé verdadeira, inabalável, sem evidências.

Amanhã será um novo dia

Ontem estava tudo bem, mas hoje, de repente... um problema delicado, a notícia inesperada, uma palavra grosseira, um impulso precipitado, a incompatibilidade que gerou discussão e rompimento; enfim, diversos impasses são imprevisíveis na jornada da vida e na convivência com as pessoas. Causas e efeitos oscilam e se estendem em consequências desagradáveis.

Quantas vezes ultrapassamos o limite do equilíbrio e, tendo razão ou não, nos descontrolamos. As contradições da vida, os conflitos íntimos, revoltas, angústias... Parece que todas as forças negativas se unem envolvendo-nos numa nuvem cinzenta que nos tira a paz de espírito, como se o mundo desabasse em nossa cabeça, como se estivéssemos num beco sem saída, impossibilitados de refletir melhor para enxergar uma solução.

Estamos sujeitos a enfrentar essas tempestades a qualquer momento; ninguém está livre dessas oscilações entre casualidades temporais e reações do comportamento. Mas sair pelo mundo fazendo extravagâncias, dirigir em alta velocidade e sem rumo pela madrugada, embriagar-se, são fugas inconscientes, não trarão soluções nem ajudarão a esquecermos o problema.

É compreensível que fiquemos revoltados e indignados quando surgem desentendimentos e equívocos que deixam nossa mente confusa num bombardeio de crises. A jornada da vida é emocionante porque as crises incitam nossos sentidos e impulsos. E a crise de hoje é a ponte para a possibilidade do amanhã. Se porventura não soubermos evitar algum impasse, a solução mais madura é ter calma, silenciar-se, suportar, respirar fundo e confiar no amanhã, porque amanhã será um novo dia.

Amanhã poderemos analisar os fatos com mais clareza e o que parecia complicado se tornará simples. Amanhã o diálogo fraterno e sincero permitirá a reconciliação e uma nova aproximação. Amanhã o problema inesperado que tirou o nosso sono terá uma solução também inesperada. Amanhã aquela angústia que incomodava em nosso íntimo será aliviada com uma palavra amiga, uma boa notícia ou a resposta exata que tanto desejávamos ter. Amanhã a preocupação de hoje ficará esquecida no ontem e diremos: "Está tudo bem, graças a Deus!".

Ufa! O que seria da gente se não confiássemos no amanhã? O amanhã vindouro e iminente, trazendo o novo, o belo, a resposta, a solução, o perdão, a novidade, a disposição, o otimismo, a confiança de viver intensamente a emocionante aventura da vida.

Hoje pode estar tudo confuso, mas amanhã será um novo dia que jamais existiu; tudo estará bem e, oxalá, que seja o melhor dia de nossa vida!

*A crise de hoje é a ponte
para a possibilidade do amanhã,
porque amanhã será um novo dia.*

Cidadãos do mundo

Grandes homens e mulheres tiveram que superar muitos desafios para conquistar direitos e ideais em diversos setores da sociedade, por isso são considerados cidadãos do mundo. Podemos imaginar o quanto sofreram na luta por uma causa nobre, visando ao bem-estar coletivo. O mais importante é que fizeram com interesse incondicional e, acima de tudo, com muito amor.

Existem pessoas que nasceram para cumprir uma missão de líder. Pelo próprio instinto, não conseguem ficar paralisadas diante de situação injusta. Arregaçam as mangas e tomam uma iniciativa para reivindicar um simples direito. Em consequência disso, muitos não têm o dom de liderar, mas são sensíveis e solidárias no intuito de somar forças por uma prioridade.

O direito à vida é absoluto e eterno. Entretanto, viver não consiste somente em respirar ou estar em movimento. Enquanto houver algum espaço vazio que carece de um direito humano, a vida estará incompleta. Então, é preciso fazer alguma coisa com urgência. Entra em cena, portanto, o papel da cidadania com duas dádivas importantes: sensibilidade e solidariedade. É impossível separá-las numa ação conjunta que surgiu de iniciativas individuais. Não adianta ser apenas sensível e cruzar os braços ou, ainda, fingir-se solidário para cumprir uma obrigação. Nada é obrigatório, porém, é preciso ser sensível e solidário no compromisso de cidadão para liderar ou participar de um projeto social.

Cada cidadão tem o seu espaço para agir e se doar. Essa função é insubstituível. Omitir-se diante de apelos não condiz com os projetos de promoção humana realizados com heroísmo. Se cada um exercer a sua cidadania estará fazendo a sua parte por mais simples que seja, e Deus, onipresente, aplaudirá e derramará bênçãos pelos gestos concretos. Alegria maior não há do que fazer parte da equipe de Deus com o crachá de cidadão do mundo. Ainda há tempo para vivermos essa emocionante aventura em prol da justiça e da paz.

Vamos nos unir? Comecemos agora, "quem sabe faz a hora, não espera acontecer". Em algum lugar as mesas estão vazias; é preciso levar um pedaço de pão. Pelas esquinas, crianças abandonadas e sem escola precisam de amparo, pois têm esse direito. Uma cesta básica, um livro, um remédio, um lápis, um brinquedo, um agasalho, um emprego, uma palavra amiga, um gesto concreto de sensibilidade e solidariedade feito por todo cidadão do mundo é importante para mantermos os direitos humanos, a preservação da vida, a ordem no planeta.

Quem já é cidadão do mundo, parabéns! A vida é bela porque, apesar de todos os rumores de guerra e violência, ainda existem amor, sensibilidade, solidariedade, coragem, idealismo e sintonia de paz entre as pessoas. No topo do universo estará a bandeira de cada cidadão do mundo que semeou o bem pela emocionante aventura da vida.

Alegria maior não há do que fazer
parte da equipe de Deus,
com o crachá de cidadão do mundo.
A vida é bela porque existem amor, sensibilidade
e solidariedade entre pessoas de bem.

Globalizando utopias

Thomas More, pensador inglês, foi o criador da palavra "utopia", publicando, inclusive, uma brilhante obra com o mesmo título, em que narra minuciosamente o sonho máximo de uma nova sociedade, um mundo novo com fraternidade, justiça, igualdade e paz, com conceitos e padrões que parecem impossíveis de seguir no mundo atual.

Estamos no Terceiro Milênio, século XXI, era moderna, globalização. Puxa!... Isso mesmo, globalização. Uma palavra que se tornou ordem mundial, transformando o planeta numa "aldeia global", favorecendo logicamente os países ricos, empresas e megaempresários.

É evidente que a humanidade prossegue no curso da evolução e todas as novidades que surgem, por mais surpreendentes que sejam, devem ser apreciadas como um benefício; assim como a globalização não surgiu somente para atender a interesses particulares, mas também para facilitar, agilizar, unificar valores e ideais de todos os seres humanos.

Ao invés de nos aliarmos ao fantasma do neoliberalismo, já que possui sua estratégia mundial, por que não aproveitamos essa engenhosa globalização, associando-a com utopias no intuito de possibilitar sonhos e realizações maravilhosas?

O planeta precisa urgentemente de colaboradores que arregacem as mangas, que sejam criativos, sensíveis, dinâmicos e apresentem ideias inovadoras para tornar a vida mais bela e mais emocionante de ser vivida. Cada semente de utopia servirá para globalizarmos sentimentos fraternos, laços de amizade, solidariedade mútua, e a construir uma sociedade onde impere a globalização do amor e da paz, sem preconceitos nem exclusões.

Podemos formar o arco-íris humano e fazer com que fronteiras não separem amizades. Podemos unir as mãos e brincar a ciranda da esperança, transmitindo fé, espalhando energia e entusiasmo para que ninguém desista de realizar um sonho. Podemos criar um site ou um blog na internet para haver diálogo, sugestões, troca de informações culturais entre utópicos, idealistas e todos aqueles que querem somar forças a fim de salvar uma vida, preservar uma espécie em extinção, arrecadar doações, plantar uma árvore, investir em novos talentos e fazer muito mais pelo bem comum sem medir distância, dificuldade e esforço.

A utopia de Thomas More seria a globalização de hoje no sentido fraterno e humanitário. Recursos modernos não faltam para globalizarmos sementes de utopia em todo o planeta. Quem se omitir não ganhará ingresso para assistir ao Concerto da Paz, não terá a honra e a emoção de aplaudir a Sinfonia do Mundo Novo.

O planeta precisa de colaboradores
que apresentem ideias inovadoras
para tornar a vida mais bela.
Cada semente de utopia servirá
para a globalização do amor e da paz.

Pensamentos de paz

Nosso olhar esperançoso há de contemplar novos horizontes, acreditando que a paz está mais próxima do que imaginamos.

Paz: um sonho possível

A brisa, o orvalho, o cheiro da relva, sinfonia de pássaros no apogeu da aurora. Silenciar-se...
Tudo é paz nesse fascinante desprendimento.

O futuro convida-nos para a liberdade de sonhar.
Esse desejo vivo contribuirá para a globalização da paz.

A ideia do novo e do belo é o puro estímulo para sonhar, caminhar, persistir e vencer a serviço da paz.

A vida reinventada, com gestos inovadores e nobres ideais, permitirá que a paz transcenda no planeta.

Toda energia do planeta, toda magnitude do universo, revelam que a paz é um sonho bem possível de ser realizado.

A paz é infinita, transpõe barreiras, ultrapassa fronteiras, porém, sua essência nasce no coração do ser humano.

Formemos o arco-íris humano.
Com amor no coração e esperança coletiva,
a paz será uma festa entre todas as raças.

Relações amigáveis, esforços integrados, culturas
interconectadas; não há limites para vivermos em paz.

Um coração seduzido pela paz concilia ideais
e gestos heroicos.
Quiséramos ver o mundo em paz.
Ora, o sonho é universal e o amanhã vindouro
nos aguarda com horizontes felizes.

Toda inspiração virá do infinito, revelando-nos que um
simples gesto de paz é maior que todos os conflitos.

A paz é um abençoado estado de espírito
que nos inspira a ser precursores de uma sociedade
mais justa e fraterna.

Deixemos fluir no coração raios de otimismo
e de esperança para cumprirmos a tarefa
de conquistar a paz.

Ao despertar da aurora, os conflitos de ontem serão
substituídos por um sonhado dia de paz duradoura.

Sumário

Apresentação 5

MENSAGENS DE VIDA

Senhora Aparecida, Padroeira do Brasil 13
O Maestro 16
A sábia opção de Deus 19
Vocação de infinito 20
Meu Anjo da Guarda 22
Estou em paz comigo mesmo 24
Portadores de luz 25
Oração da gestante 28
Merecimento 30
Sucesso, meus amigos! 32
A beleza interior 34
Além do pôr do sol 36
O arco-íris humano 37
Eu sou a vida! 38
Quisera 40
A fé e a oração 42
A paz do Menino Jesus 44
Mãe é tudo! 46
Mensagem ao meu pai 48
Poema da felicidade 50

BELAS INSPIRAÇÕES – CRÔNICAS E CONTOS

Diálogo com o mestre 55
O tempo de Deus 59
A fé e a política 61
Linhas tortas 65
A pomba e a bomba 69
Aplausos e elogios 72
Fé no imaginário 75
Amanhã será um novo dia 77
Cidadãos do mundo 79
Globalizando utopias 81

PENSAMENTOS DE PAZ

Paz: um sonho possível 85

Impresso na gráfica da
Pia Sociedade Filhas de São Paulo
Via Raposo Tavares, km 19,145
05577-300 - São Paulo, SP - Brasil - 2010